AF339663

PANÉGYRIQUE

DE

SAINT JEAN-FRANÇOIS RÉGIS

De la Compagnie de Jésus

DONNÉ A LA LOUVESC, LE 16 JUIN 1877

Par M. SALCE,

CURÉ DE BOURG-SAINT-ANDÉOL

Suivi du **PROGRAMME** des grandes fêtes des 4 et 5 août 1877.

LYON

IMPRIMERIE CATHOLIQUE

30, rue de Condé, 30.

—

1877

PANÉGYRIQUE

DE SAINT JEAN-FRANÇOIS RÉGIS

DE LA COMPAGNIE DE JÉSUS

Mirabilis Deus in sanctis suis.
Dieu est admirable dans ses saints.
(PS. LXXVI, 36.)

Mes frères,

Dieu ne fait rien qui ne soit admirable. Toutes ses œuvres portent la marque ineffaçable de sa grandeur, de sa puissance, de sa sagesse infinie; toutes font reluire à nos yeux ses divines perfections en traits si éclatants que nous ne saurions les méconnaître.

Je ne parle pas seulement de ses œuvres extérieures, de ces merveilles de tout genre qu'il a semées à profusion dans ce vaste univers et que nous pouvons voir avec les yeux du corps. En dehors et au-dessus de celles-là, il y en a une infinité d'autres plus belles encore, et que nous ne connaissons que par la foi. Telles sont, par exemple, les opérations mystérieuses par lesquelles il élève les âmes à la perfection de la vie chrétienne et les couronne des dons et des mérites de la sainteté. Et ce sont ces dernières que le saint roi-prophète a chantées en proclamant que Dieu est admirable dans ses saints : *mirabilis Deus in sanctis suis.*

Or, mes frères, parmi les saints, il y en a peu qui aient été plus parfaits et qui aient donné plus de gloire à Dieu que celui dont nous célébrons aujourd'hui la fête, et que je suis chargé de louer devant vous.

Mais, tout d'abord, on pourrait se demander : A quoi bon louer saint Jean-François Régis ? Ne l'est-il pas assez par ses œuvres et par tout ce que nous savons des glorieux priviléges dont il a plu à Dieu de le faire briller pendant sa vie et après sa mort? Les grâces qu'il a reçues, les vertus qu'il a pratiquées, les suprêmes honneurs que l'Eglise lui a décernés, les miracles éclatants qui depuis plus de deux siècles ont illustré son tombeau, la voix du peuple chrétien qui ne cesse de proclamer les faveurs innombrables obtenues par son intercession, la foule toujours grandissante des pieux pèlerins qui, malgré les difficultés des temps et des lieux, viennent ici, de tous les points de l'espace, lui offrir leurs supplications et leurs hommages, n'est-ce pas là le plus magnifique et le plus éloquent des panégyriques?

Sans doute, mes frères, en face de tous ces témoignages d'honneur et de confiance, s'il ne s'agissait que de proclamer la gloire de saint Régis, ce serait peut-être mal employer son temps et faire une œuvre vaine que de l'entreprendre. Mais tel n'est pas le but que je me propose. En venant vous parler du saint apôtre qui a combattu ici son dernier combat et dont la mort a fait de ce simple village l'un des lieux les plus saints et les plus illustres de la terre, c'est à vous plus qu'à lui que je songe. Je sais, en effet, que rien n'est plus propre que les exemples des saints à nous enflammer d'ardeur et de zèle pour la vertu, et à nous faire travailler généreusement à l'œuvre de notre salut, et que je puis, par conséquent, vous être utile en mettant sous vos yeux les admirables exemples que nous a donnés saint Régis.

Je ne sens que trop d'ailleurs mon insuffisance devant la tâche qui m'est dévolue. J'en comprends toute la difficulté, et si je n'avais pris conseil que de ma faiblesse, je n'aurais eu garde de l'accepter, d'autant qu'elle semblait revenir de plein droit à quelqu'un de ces pieux et savants missionnaires qui continuent parmi vous, avec tant d'édification, l'esprit et les œuvres de leur saint et glorieux confrère. Mais puisqu'il leur a plu de m'en charger, il ne m'était pas permis de reculer devant elle. Je leur devais, à toutes sortes de titres, cette marque de ma déférence, dans laquelle je trouve d'ailleurs l'occasion de payer au saint apôtre de nos montagnes un juste tribut de reconnaissance pour les grâces dont je me crois redevable, moi aussi, à son intercession.

Or voici tout mon dessein : forcé de me restreindre et de supprimer les détails, je me bornerai à vous le présenter sous deux aspects généraux qui me semblent résumer toute sa vie. Saint Régis était un religieux, saint Régis était un apôtre. Quelles ont été les vertus du religieux ? Quelles ont été les vertus de l'apôtre ? Tels sont, en deux mots, le sujet et le partage de ce discours qui se recommande de lui-même à votre pieuse attention.

I

Ce qui constitue l'essence de la vie religieuse proprement dite, ce sont les trois vœux de pauvreté, de chasteté, d'obéissance ; et ce qui en fait la perfection, c'est la pratique fidèle et constante des devoirs particuliers qui en découlent.

La vie religieuse est un état plus saint que la simple vie chrétienne, ou plutôt c'est la vie chrétienne elle-même dans ce qu'elle a de plus élevé, c'est-à-dire en tant qu'elle comprend tout à la fois ce qui est obligatoire pour tout le monde et ce qui n'est que de simple conseil, en sorte qu'elle n'est que le privilége réservé de quelques-uns. Toutes les âmes, en effet, ne sont pas propres à monter sur ces hauteurs, mais celles-là seulement que Dieu y appelle par une grâce spéciale et de choix.

Or cette grâce de la vocation à l'état religieux, ou à la vie parfaite, s'est révélée en saint Régis par les signes les plus manifestes depuis sa première enfance. Il l'a, pour ainsi dire, sucée avec le lait. Sous l'influence des leçons et des exemples de sa pieuse mère, il se pénétra de bonne heure d'un tendre sentiment d'amour pour Dieu et d'une crainte vive de ses jugements. On sait que l'idée d'une âme qui se damne faisait sur lui une telle impression qu'un jour, rien que d'y penser, quoiqu'il ne fût encore qu'un enfant, il en tomba évanoui.

De là le soin qu'il mit tout d'abord à se préserver des moindres fautes, à l'exemple des saints, afin d'assurer son salut. C'était un signe et comme un présage de l'avenir. A voir la modestie, le recueillement et la piété douce et forte qui le distinguaient parmi les enfants de son âge, il y avait comme un pressentiment général qu'il ne resterait pas dans le monde, et qu'il serait appelé à rendre un jour de grands services à l'Eglise.

Tel il était au sein de sa famille, tel il se montra toujours parmi ses condisciples durant le temps de ses études. Les précieuses semences de vertu que la grâce avait déposées dans son âme, dès le berceau, ne faisaient que se développer de plus en plus. Sous l'habile et sage direction des jésuites auxquels ses parents l'avaient confié, on voyait croître et grandir chaque jour ses heureuses dispositions.

Le pieux enfant ignorait encore la voie dans laquelle il plairait à Dieu de l'appeler. Il savait seulement qu'il voulait être tout à lui, n'aimer et ne servir que lui seul. Déjà même il s'efforçait de faire partager à ses jeunes amis les sentiments qui remplissaient son cœur. Il les réunissait quelquefois dans ce but, et il savait donner aux pieuses exhortations qu'il leur adressait une onction si pénétrante qu'ils en étaient souvent émus jusqu'aux larmes. C'est ainsi qu'il préludait, sans le savoir, à cette vie de missionnaire qui devait jeter tant d'éclat sur les dernières années de son existence.

Tandis qu'il s'appliquait ainsi sans relâche à perfectionner sa vertu, la grâce lui donnait une vue de jour en jour plus claire des desseins de Dieu. Détaché d'esprit et de cœur des choses de ce monde, il se sentait entraîné vers la vie religieuse, et il soupirait avec ardeur après le moment où il lui serait donné de l'embrasser et de se consacrer, par là même et pour toujours, au service de Dieu. Mais ce fut surtout à la suite d'une grave maladie, vers l'âge de dix-huit ans, que son désir et son entraînement redoublèrent, et qu'il lui sembla entendre une voix du Ciel qui l'appelait à l'état religieux, et, par lui, à la carrière apostolique. Ce fut dès lors, chez lui, comme une idée fixe dont rien ne pouvait le distraire. Et quand il eut obtenu la faveur tant désirée et si vivement sollicitée d'entrer, comme novice, dans la Compagnie de Jésus, il en éprouva tant de bonheur, qu'il ne savait comment en témoigner à Dieu sa reconnaissance. Il avait enfin trouvé sa voie.

Comment il se conduisit au noviciat, comment il y fut l'exemple et le modèle de tous ses frères par sa foi, son humilité, son union continuelle avec Dieu et son inviolable fidélité aux moindres prescriptions des saintes règles, il est plus facile de le penser que de le dire. Mort au monde et à lui-même, il vivait d'une vie toute céleste et semblait déjà ne plus appartenir à la terre. Plus rien d'humain ou de terrestre ne faisait aucune impression sur lui. Dans la sphère supérieure où il habitait en esprit, le calme et la sérénité de son âme étaient inaltérables. Il était indifférent à tout, aux mépris comme aux louanges. Ce qu'il voyait, ce qu'il entendait, ce qui se passait autour de lui, il n'y prêtait nulle attention, excepté, pourtant, quand il s'agissait de l'amour de Dieu. Car s'il venait à apprendre, par exemple, que Dieu avait été offensé, il en éprouvait tant de chagrin que la tristesse aussitôt se peignait sur son visage. Et par les violences qu'il s'était faites toute sa vie, il avait acquis un tel empire sur lui-même, la grâce et l'amour de Dieu le possédaient d'ailleurs si pleinement, qu'il n'avait plus rien du vieil homme, et que tout en lui présentait l'image de l'homme nouveau.

Il est facile de comprendre qu'avec de si grands sentiments, sa conversation fût toute dans le Ciel, comme dit l'Apôtre, et qu'il parlât de Dieu et des choses de Dieu en termes si émus et si enflammés, qu'on eût dit que l'Esprit-Saint parlait lui-même par sa bouche.

Tous ceux qui l'ont vu au noviciat en ont rendu ce magnifique témoignage; tous ont dit, des vertus qu'il y fit paraître, qu'elles étaient pour tous ses frères comme un parfum d'édification et un puissant enccouragement. Et ce n'était pas, chez lui, une ferveur passagère. Pendant tout le temps que durèrent ses épreuves, il ne se démentit jamais et ne cessa pas un seul jour de répandre autour de lui, par ses pieux exemples, la bonne odeur de Jésus-Christ.

Eh bien, qu'en pensez-vous, mes frères ? Un tel novice pouvait-il n'être pas un saint religieux ? Aussi, quand vint le jour fixé pour l'émission solennelle de ses vœux, bien loin d'avoir rien à changer à ses sentiments ou à sa conduite, il n'eut qu'à y rester fidèle pour pratiquer dans toute leur perfection les vertus de pauvreté, de chasteté et d'obéissance dont il prenait l'engagement.

Voyez, d'abord, combien il a aimé et pratiqué la pauvreté. Ce n'était pas assez, pour lui, d'avoir renoncé aux espérances que le siècle pouvait lui offrir, de s'être fermé la porte des honneurs et des plaisirs auxquels sa naissance lui donnait le droit de prétendre, de s'être dépouillé par avance des biens qui pouvaient lui revenir de sa famille. Instruit à l'école du divin Maître qui, pour nous servir d'exemple, s'est abaissé jusqu'à naître dans une étable et qui, pendant tout le cours de sa vie publique, n'avait pas même un lieu où reposer sa tête, saint Régis ne s'est jamais complu que dans le dénuement le plus absolu des choses de ce monde. Il lui fallait les habits les plus pauvres, la nourriture la plus grossière, tout ce qui pouvait le plus le faire ressembler aux indigents, dont il recherchait partout la compagnie et dont il avait fait ses amis de prédilection. Souvent même il ne vivait que d'aumônes qu'il allait mendier de porte en porte, comme le plus pauvre d'entre eux, lorsque ses occupations lui en laissaient le temps. Tout ce qui sentait le luxe ou seulement le bien-être, il l'avait littéralement en horreur, et s'il arrivait qu'on lui donnât un vêtement neuf, il s'en montrait si honteux et si affligé, que, pour le consoler, il fallait en substituer un autre déjà usé, à peine décent et à peu près hors de service.

Mais ce n'était là en quelque sorte que le moindre de ses mérites. Pour être un parfait religieux, il ne suffit pas de renoncer, par la vertu de pauvreté, aux biens de la fortune et de vivre dans le détachement des aises et des commodités de la vie ; il faut encore se sevrer absolument par la vertu de chasteté de toutes les pensées, de toutes les attaches, de toutes les jouissances sensuelles qui sont le grand écueil des âmes, et vers lesquelles nous inclinent si violemment l'aiguillon de la chair et les attraits de la volupté.

Or qui pourra dire jusqu'à quel degré de perfection saint Régis a porté la pureté de l'âme et du corps ? Non-seulement il n'a jamais blessé en rien cette délicate vertu, on sait de plus, d'après son propre témoignage, que, par une grâce spéciale de Dieu, il n'a jamais éprouvé la moindre tentation à son égard.

Quoique enfant d'Adam, comme nous tous, il n'a pas plus senti que les anges ces révoltes humiliantes de la chair contre l'esprit qui faisaient tant gémir le grand Apôtre, et qui arrachaient au roi-prophète ces aveux et ces plaintes d'une triste célébrité : « Je marche tout courbé sous le poids de la tristesse qui m'accable : *totâ die contristatus ingrediebar.* » Et pourquoi donc cette tristesse qui l'accable ? Ah ! poursuit-il, « parce que je sens dans la partie inférieure de moi-même, de pénibles et dangereuses tentations : *quoniam lumbi mei impleti sunt illusionibus.* » Pour saint Régis, rien de semblable. Aucune image, aucune impression dangereuse ne révélait en lui le moindre souffle de la concupiscence humaine ; et son cœur, toujours calme et sans orage, ne connaissait rien de ces tiraillements, de ces partages, de ces luttes intestines dont la vertu la plus forte a souvent tant de peine à se défendre. Pour moi, disait-il, je ne sais pas même ce que c'est.

Eh bien ! mes frères, malgré la grâce dont Dieu l'avait prévenu de ce côté, quelle vigilance n'a-t-il pas gardée dans toutes ses démarches, quelles rigueurs n'a-t-il pas exercées sur son corps, sinon pour combattre des passions dont il n'avait pas l'idée, du moins pour les empêcher de naître ! On est effrayé au souvenir des mortifications qu'il s'est infligées sans trêve ni merci. Non content de coucher sur la dure, de jeûner presque journellement au pain et à l'eau, de porter un rude cilice, de se ceindre les reins d'une chaîne de fer aux pointes aiguës, il se flagellait chaque nuit jusqu'au sang et se déchirait la chair avec une sorte d'inhumanité.

Même quand il n'en pouvait plus, que ses forces étaient épuisées par un travail excessif et qu'il semblait au moment de succomber à la peine, il se refusait tout adoucissement, tout repos qui ne lui était pas formellement prescrit, tout ce qui aurait pu tant soit peu complaire à la nature.

En un mot, tendre et compatissant pour tout le monde, il n'avait pour lui-même que des rigueurs impitoyables. Voilà comment il a porté sur son corps la mortification de Jésus-Christ, selon le langage de saint Paul, et comment il nous a appris de quel esprit de pénitence nous devons être animés, si nous voulons conserver et faire régner dans nos cœurs et dans nos sens la chasteté chrétienne.

Est-ce tout ? Non pas, mes frères, ce n'est encore là qu'une partie de l'immolation de la nature. La vie religieuse n'atteint sa perfection, son idéal, si je puis ainsi dire, que lorsqu'elle a réalisé le sacrifice complet de la volonté propre par la vertu d'obéissance.

Il est bien vrai que rien ne parait aussi beau en lui que la chasteté chrétienne prise dans son sens le plus élevé. Elle brille d'un éclat devant lequel toutes les autres beautés morales pâlissent et s'effacent comme les étoiles devant le soleil. Et, néanmoins, le courage et l'héroïsme qu'en suppose la pratique, sont inférieurs en eux-mêmes et dans l'ordre du mérite à ceux que demande le parfait accomplissement du vœu d'obéissance. La raison en est dans la résistance continuelle et opiniâtre que l'orgueil humain oppose à la pratique de cette vertu. L'orgueil est, en effet, de tous nos défauts le plus subtil, le plus funeste, le plus vivace, le plus difficile à vaincre et à déraciner, et ce n'est pas pour rien qu'il est placé au premier rang parmi les péchés capitaux.

Or rien de plus admirable que la manière dont saint Régis en a triomphé par la perfection de son obéissance. S'abandonnant en tout et partout à la volonté de ses supérieurs, dans lesquels il vénérait, avec une foi vive et ardente, la personne de Jésus-Christ, il recevait leurs ordres avec la même soumission et la même docilité que s'ils lui fussent venus directement de Notre-Seigneur lui-même. Il ne tenait pas plus à ses idées, à son jugement, à sa volonté propres, que s'il eût été véritablement mort, *perindè ac cadaver*. Ce mot fameux, qu'on lit dans les *Constitutions* de saint Ignace, ce mot dont les faux sages de notre temps ont fait semblant de se scandaliser comme d'un attentat à la dignité humaine, saint Régis n'y voyait rien, n'y pouvait rien voir, que l'expression aussi vraie qu'énergique de l'obéissance parfaite, et il se l'est toujours appliqué à lui-même dans son sens absolu. On ne trouverait pas dans sa vie tout entière une seule circonstance où il ait montré la moindre hésitation, la moindre répugnance à obéir. Il fallait quelquefois modérer son ardeur pour l'empêcher de briser ses forces et de succomber avant l'heure ; c'était là, certainement, l'un des sacrifices qui coûtaient le plus à son esprit de dévouement et de sacrifice. Mais, quand ses supérieurs avaient parlé, tout était dit, il se soumettait de bonne grâce et paraissait aussi content de se reposer par obéissance que de travailler et de souffrir par le mouvement de sa propre volonté.

Voilà, mes frères, comment il a été un parfait religieux par la manière dont il a pratiqué la pauvreté, la chasteté et l'obéissance.

Mais ce n'est là qu'un côté de sa vie. Il nous faut maintenant l'étudier et le suivre dans sa carrière apostolique, qui est le côté le plus éclatant et le plus glorieux de son histoire. Or les vertus qui l'ont illustré sous ce nouvel aspect, l'Eglise elle-même les proclame et les résume en louant *la charité merveilleuse* et *l'invincible patience* qu'il a montrées *dans ses immenses travaux pour le salut des âmes*

Ces travaux, cette patience, cette charité admirables, qui ne sont autre chose que la manifestation de son zèle et le complément de toutes ses vertus, c'est ce que nous allons tâcher de faire ressortir et de mettre en lumière en vous le montrant sous les traits de l'apôtre, après avoir essayé de vous le faire connaître comme religieux; car c'est ici surtout qu'il faut le voir à l'œuvre pour le bien apprécier.

II

Son désir de travailler au salut des âmes a été le sentiment le plus habituel et le plus fort de toute sa vie. Il soupira longtemps après le jour où il lui serait permis de s'élancer dans la carrière apostolique. Il rapportait tout à cette fin sublime, ses études, ses prières et les terribles rigueurs qu'il s'infligeait, comme un soldat qui, avant d'entrer en campagne, s'exerce et s'endurcit aux fatigues de la guerre. Ses vœux furent enfin remplis et il put, au sortir du noviciat, donner libre cours à l'impétuosité de son zèle.

Ses débuts ont été modestes et sans éclat. Ce fut d'abord en faveur de ses élèves, pendant les années de son professorat, qu'il se fit apôtre et missionnaire. Bien plus jaloux d'en faire des chrétiens pieux que des savants, sans négliger, toutefois, de leur enseigner avec soin les sciences et les lettres, comme c'était son devoir, il profitait de toutes les occasions qui s'offraient à lui pour leur inspirer l'amour et la crainte de Dieu. Les fruits de cet apostolat, peut-être moins connus, n'en ont pas été moins heureux pour les âmes. Dieu sait le nombre de ces jeunes gens qui, formés par un tel maître, soutenus et encouragés par lui, ont été plus tard dans le monde des sujets d'édification et des modèles de vertu.

Citons un trait qui fera ressortir tout à la fois l'esprit du professeur et l'empire qu'il exerçait sur ses élèves. Il apprend un jour, au moment de commencer sa classe, que l'un d'entre eux s'était rendu coupable d'une faute grave. Sa douleur éclate aussitôt, ses larmes coulent en abondance, il parle de l'injure faite à Dieu et des châtiments que mérite le péché, avec tant d'animation et de force, avec des accents si pathétiques et si pénétrants, que tous ses auditeurs en sont émus et attérés, et qu'aucun d'eux n'oubliera de sa vie la salutaire impression produite par ce discours.

On comprend sans peine que le feu sacré dont il brûlait pour la gloire de Dieu et le salut des âmes, ne trouvait pas dans l'étroite enceinte d'une maison d'éducation un aliment qui pût suffire à son activité dévorante. Il lui fallait un champ plus vaste, et c'est pourquoi, lorsque les devoirs de sa charge lui en laissaient le loisir, il allait répandre de tous côtés, dans les environs, la semence de la divine parole.

C'étaient là comme les préludes et les essais de sa vie de missionnaire, et l'histoire garde le souvenir des fruits de salut qu'il produisait en abondance. Dans les commencements, sa prédication se bornait, pour l'ordinaire, à faire de simples catéchismes auxquels il appelait surtout les enfants. Tout le monde sait qu'il avait un talent merveilleux pour se les attacher et s'en faire écouter par la douceur de ses manières et la charmante simplicité de son langage. Mais, peu à peu, les parents subissaient à leur tour la même attraction mystérieuse, et venaient en foule pour l'entendre. L'élan étant ainsi donné et Dieu bénissant les efforts de son serviteur, on voyait de nombreuses conversions s'opérer, les mœurs se réformer, les abus disparaître, les scandales cesser, les vertus se développer et fleurir. C'était comme une résurrection de l'esprit de foi et de piété partout où il passait.

Mais si beaux qu'aient été ces débuts de sa vie apostolique, et si précieux qu'en aient été les fruits, ils donnent à peine une idée des travaux et des succès qui ont marqué les dix dernières années de sa vie. L'histoire en est si merveilleuse qu'elle ressemble à une épopée. Le difficile, seulement, serait de la raconter ici. A peine si nous avons le temps d'en reproduire, ou plutôt d'en indiquer au hasard, quelques traits plus saillants.

Toutes ses missions, d'ailleurs, se ressemblent, et ce serait forcément se répéter que de parler de chacune d'elles en particulier. Disons seulement qu'on y voit éclater, à chaque pas, tous les plus beaux sentiments de l'esprit apostolique. C'est partout le même zèle, le même travail opiniâtre et patient pour arracher les âmes à l'empire du démon et du péché. C'est la même intrépidité, le même oubli de lui-même au milieu du danger et des fatigues inouïes qu'il affrontait pour courir après les brebis égarées, par des chemins affreux, à travers les précipices et les montagnes, malgré la rigueur du froid et l'encombrement des neiges. C'est le même empressement à instruire les ignorants et les pauvres, la même douceur inaltérable à supporter tous leurs défauts. C'est la même assiduité au saint tribunal, où il passait la plus grande partie du jour et de la nuit, oubliant la fatigue, la faim, la soif, le sommeil. Et, au milieu de ces souffrances et de ces privations sans nombre, il trouvait encore le temps et le courage de se donner cruellement la discipline. Quel héroïsme de zèle, de patience et d'abnégation !

Aussi, mes frères, les succès les plus inespérés et les plus consolants ne manquaient jamais de récompenser les efforts du saint missionnaire; et les populations dont il avait ainsi ranimé la foi et réformé les mœurs, faisaient éclater partout sur son passage les transports de leur admiration et de leur reconnaissance.

Ce n'étaient pas seulement les catholiques qui subissaient l'entraînement irrésistible de sa parole et l'influence de sa sainteté. Les dissidents eux-mêmes étaient vaincus et subjugués, et rentraient en grand nombre dans le giron de l'Eglise. Le bien qu'il a fait sous ce rapport est véritablement incalculable.

Le calvinisme avait exercé de grands ravages dans la plupart des paroisses qu'il était chargé d'évangéliser, et qui sait ce que seraient devenues ces malheureuses contrées, dont les croyances et les mœurs avaient été si fortement ébranlées par l'hérésie, et s'en allaient à la dérive, si Dieu n'avait eu pitié d'elles, et ne leur eût envoyé ce grand convertisseur, pour les secourir et les sauver ? Sa parole et ses exemples arrêtèrent partout les progrès du mal.

C'étaient tous les jours de nouvelles conquêtes de la vérité sur l'erreur ; et les hérétiques convertis l'étaient si pleinement et y allaient d'un tel cœur, qu'ils devenaient presque tous des auxiliaires de l'homme de Dieu : travail merveilleux de la grâce, qui change les obstacles en moyens, et fait servir l'erreur même au triomphe de la vérité.

Eh bien, mes frères, malgré tous ces succès éclatants, l'humble apôtre n'était pas satisfait des fruits de son zèle ; malgré ces travaux effrayants, dans lesquels il épuisait ses forces, il lui semblait qu'il ne travaillait pas assez, et il eût voulu franchir les mers pour aller prêcher l'Evangile aux sauvages : c'était là depuis long-temps l'ambition qui tourmentait son grand cœur ; et si ses supérieurs avaient cédé à ses instances, il se fût estimé heureux d'aller arroser de ses sueurs et de son sang les plages inhospitalières du Nouveau-Monde.

Dieu trouva que le théâtre qu'il lui avait assigné suffi-sait à ses dessins et à sa gloire, et il jugea bon de l'y re-tenir. S'il le privait ainsi de l'honneur probable du mar-tyre, il laissait toujours ouverte devant lui une carrière de dévouements et de sacrifices non moins sublimes et non moins méritoires que ceux qui mènent à une mort sanglante.

Sa charité, comme son zèle et sa patience, y trouvait lar-gement de quoi se satisfaire, et ne restait jamais inactive. Lorsque ses missions, qu'il était forcé d'interrompre pen-dant la saison des travaux de la campagne, ne lui fournis-saient plus l'occasion de s'exercer, il la trouvait de mille autres manières dans le lieu ordinaire de sa résidence.

Faut-il rappeler ici la tendre sollicitude dont il ai-mait à prodiguer les marques héroïques aux pauvres et aux malades infirmes dans les hôpitaux ? C'était son bon-heur de les visiter, de les secourir, de les consoler, de leur rendre les services les plus pénibles ; et ce bonheur était d'autant plus grand pour lui, que les infirmités de ces malades et de ces pauvres avaient quelque chose de plus répugnant pour la nature.

Du reste, ses visites dans les hôpitaux ne lui faisaient pas oublier les malheureux qui souffraient ailleurs sans assistance et sans consolation : il allait lui-même à leur recherche, et l'on cite à cet égard une foule de traits admirables. Il découvrait parfois de pauvres malades en proie à la plus affreuse misère, couchés sur la terre nue et à peine couverts de quelques haillons, et il les secourait avec une charité si tendre et si généreuse, qu'ils en étaient souvent attendris jusqu'aux larmes, et qu'ils lui donnaient presque toujours la consolation de les voir revenir de leurs égarements et de leurs erreurs.

Mais jamais l'héroïsme de sa charité n'apparut avec plus d'éclat que pendant la peste qui ravagea la ville de Toulouse en 1630. Le fléau sévissait avec une grande violence ; la terreur était partout ; les uns prenaient la fuite, les autres, forcés de rester, ne savaient que devenir. Le découragement, la misère, le désespoir avaient gagné toutes les âmes, paralysé toutes les forces. Mais voilà que saint Régis et quelques-uns de ses généreux confrères arrivent sur ce champ de bataille d'une nouvelle espèce. Avec une charité plus forte que la mort, ils affrontent tous les dangers, portent partout des secours et des consolations, relèvent les cœurs, remontent les courages, confessent les malades et enterrent les morts. Plusieurs de ces ouvriers sublimes succombent à la peine, et offrent joyeusement à Dieu le sacrifice de leur vie pour le salut de leurs frères. Notre Saint, comme on le pense bien, s'épargna moins que personne, et s'il ne fut pas emporté comme les autres par le terrible fléau, c'est que Dieu le réservait pour d'autres combats et d'autres sacrifices encore plus utiles à sa gloire et au salut des âmes.

Voilà, mes frères, quel a été l'apostolat de saint Régis ; voilà comment, par ses immenses travaux, par sa patience invincible et par son inépuisable charité, il a

mérité de terminer dans cet heureux village de la Louvesc la vie la plus admirable par la mort la plus sainte,
la plus précieuse, la plus enviable que nous connais-
sions.

Il semblait au moment de s'éteindre, lorsque tout à
coup on le voit s'agiter ; son visage et son regard s'il-
luminent, et il s'écrie, dans les transports d'une joie toute
céleste, qu'il voit Jésus et Marie s'approcher de son lit,
lui sourire et lui tendre les bras. C'est dans ce cri, cet
élan de bonheur que s'est exhalé son dernier soupir.

N'ai-je pas raison de dire, après tous ces détails, que
Dieu est admirable dans ses saints ?

Or, mes frères, raconter la vie de cet illustre serviteur
de Dieu, comme j'ai essayé de le faire, ce n'est pas seulement montrer combien Dieu a été admirable à son égard,
par les grâces et les mérites dont il l'a fait briller et res-
plendir, c'est aussi rendre un juste hommage à la Compagnie de Jésus, dont il est l'une des gloires les plus
pures. C'est elle en effet qui l'a formé, comme elle en a
formé tant d'autres que l'Eglise a placés sur ses autels.
C'est à elle, après Dieu, c'est à l'esprit qui l'anime et aux
règles si sages qui la gouvernent, que saint Régis est redevable des sublimes vertus qu'il a fait paraître en sa
double qualité de religieux et d'apôtre.

Qui pourrait apprécier, comme ils le méritent, les services que cette illustre Compagnie a rendus et rend encore
à la Religion et à la société ? Fondée par un homme qui
avait porté l'épée et qui s'était fait sous les armes la répu-
tation d'un héros, avant de devenir le grand saint que
nous honorons sous le nom d'Ignace de Loyola, la Compagnie de Jésus, par sa puissante et incomparable orga-
nisation, semble dire le dernier mot du génie de l'homme
assisté du génie de Dieu. C'est une armée qui n'a jamais
manié d'autres armes que celles de la prière et de la parole, mais qui a rempli le monde du bruit de ses exploits
dans l'œuvre essentiellement pacifique du salut des âmes,
par le grand nombre qu'elle en a éclairé et formé pour
le ciel. Jamais, depuis la prédication des Apôtres, les

hommes n'avaient vu une telle propagation des idées et des œuvres de Dieu.

Plus puissant que Pompée, qui se vantait follement de n'avoir qu'à frapper la terre de son pied pour en faire sortir des légions, saint Ignace n'eut qu'à déployer son étendard pour attirer à lui une foule innombrable d'âmes d'élite, et pour leur communiquer l'énergie indomptable de son esprit d'amour et de prosélytisme.

Aussi, mes frères, à peine nés, les Jésuites étaient partout, prêchant la vérité, confondant l'erreur, instruisant la jeunesse, faisant régner la piété chrétienne à la place des vices et des scandales, et, pour prix de leurs efforts et de leurs succès, recueillant les bénédictions de l'Eglise, la reconnaissance et l'amour de tout le peuple chrétien.

C'en était trop évidemment, l'ennemi eut peur et leur déclara la guerre ; guerre implacable qui dure encore et qui n'est pas près de finir, à en juger par l'attitude qu'a prise et que garde contre eux la presse irréligieuse de notre temps ; cette presse sans pudeur, qui ne respecte rien, qui jette chaque jour l'insulte et l'outrage à tout ce qu'il y a de plus sacré, qui s'en prend même à Dieu jusqu'à le blasphémer et le haïr, pouvait-elle épargner des religieux qui luttent avec autant de courage que de talent contre le mal qu'elle fait ? Aussi ne cesse-t-elle de les poursuivre de sa haine. Mais cette haine les honore, bien loin de leur nuire dans l'opinion des hommes, car elle montre aux plus aveugles, qu'au fond, tout ce qu'on leur reproche, c'est de ne s'inspirer que de l'amour du bien, de ne travailler que dans l'intérêt des âmes, de n'employer la légitime influence que leur donnent leur science et leur vertu, qu'à la défense des principes qui sont la base nécessaire, essentielle de l'ordre social dans le monde entier. Soldats d'avant-garde, on les voit partout où il y a du bien à faire ; toujours les premiers à la peine, les derniers au repos. Voilà ce que c'est que l'esprit d'ambition et d'envahissement dont on les accuse. S'ils se croisaient les bras pour assister indifférents et impassibles aux progrès de l'erreur et du vice, on ne s'occuperait pas plus d'eux que s'ils n'existaient pas.

-- Mais à quoi bon insister ? Ne sait-on pas que les Jésuites ne sont qu'un prétexte et un mot d'ordre, et que, sous leur nom tant décrié par les impies, c'est la Religion tout entière que l'on attaque ?

Entre eux et nous toute la différence c'est qu'ils ont l'honneur d'être en première ligne, et de recevoir les premiers coups.

Quoiqu'il en soit, rassurons-nous ; la Providence veille, et nous ne pouvons pas être en peine sur la dernière issue de la lutte à laquelle nous assistons. La victoire nous est promise, et nous l'aurons tôt ou tard, quand bien même la tempête que nous subissons deviendrait encore plus violente. C'est la destinée des bons, mais c'est aussi leur gloire, d'être en butte ici-bas à la haine des méchants : « Ils vous haïront et vous persécuteront à cause de moi, » disait le Sauveur à ses disciples, et saint Paul a dit de son côté que tous ceux qui veulent mener une vie sincèrement chrétienne, doivent s'attendre à être persécutés. Nous ne pouvons rien changer à ces oracles, mais nous savons d'autre part, avec non moins de certitude, que Dieu aura le dernier mot dans cette guerre impie, et qu'à l'heure marquée par sa sagesse, il fera triompher les siens de la malice et des attaques du monde. *Confidite, ego vici mundum.*

Courage donc, mes frères ; restons inébranlables dans notre foi. Marchons sur les traces de saint Régis et de tous les saints, et confiants, comme eux, dans les divines promesses, occupons-nous uniquement de la grande affaire de notre salut. Nos épreuves n'auront qu'un temps ; et lorsque le juste Juge aura placé sur nos têtes la couronne qu'il nous prépare, nous verrons et nous comprendrons, dans la pleine lumière de la gloire céleste, combien il est vrai de dire que Dieu est admirable dans ses saints. *Mirabilis Deus in sanctis suis.*

PROGRAMME DES GRANDES FÊTES

DES 4 ET 5 AOUT

Son Eminence le Cardinal Archevêque de Paris daigne faire lui-même la cérémonie de la consécration de l'église de Saint François Régis. Douze à quinze évêques doivent, par leur présence, relever l'éclat de ces fêtes.

Samedi, 4 août, à 6 heures du soir, entrée solennelle des prélats dans le village par la route de Satillieu. Réception à la porte de la nouvelle église. Un discours sera prononcé par un des évêques.

Dimanche, 5, à 7 heures du matin, commence la cérémonie de la consécration. Pendant ce temps, messe solennelle célébrée par Mgr l'archevêque d'Avignon, en plein air, hors du village ; discours pendant la messe par le R. P. Martigny, de la Compagnie de Jésus.

Une messe sera dite à 5 heures, à la porte de l'église ; on y distribuera la sainte communion ; une autre messe, à 5 heures 1/2, à la fontaine de Saint-Régis ; une troisième, à 6 heures ; on pourra aussi y communier. — Les prêtres qui désirent offrir le saint Sacrifice sont priés de se faire inscrire à l'avance.

A 9 heures, procession, à laquelle assisteront tous les évêques. — Translation des reliques du saint, qui auront été déposées la veille dans la chapelle des Dames de la Retraite. La cérémonie de la consécration se continue ensuite en présence des fidèles qui peuvent entrer dans l'église. A la fin de la cérémonie, messe.

A 4 heures du soir, grande procession pour replacer la châsse du saint sur l'autel ; tous les évêques y assisteront. Les membres du clergé sont invités à apporter pour cette cérémonie, leurs surplis et les insignes de leur dignité. Un discours sera prononcé en plein air en présence de la châsse.

A 8 heures, illumination, procession aux flambeaux.

Lundi, 6, dans la matinée, départ de Nosseigneurs les Archevêques et Evêques.

Pour donner plus de solennité à ces fêtes, le Cercle catholique d'Annonay a bien voulu offrir le concours de son excellente musique.

Lyon. — Imprimerie Catholique, rue de Condé, 30. — J.-E. Albert.

www.ingramcontent.com/pod-product-compliance
Lightning Source LLC
Chambersburg PA
CBHW061848060726
47597CB00008B/3629